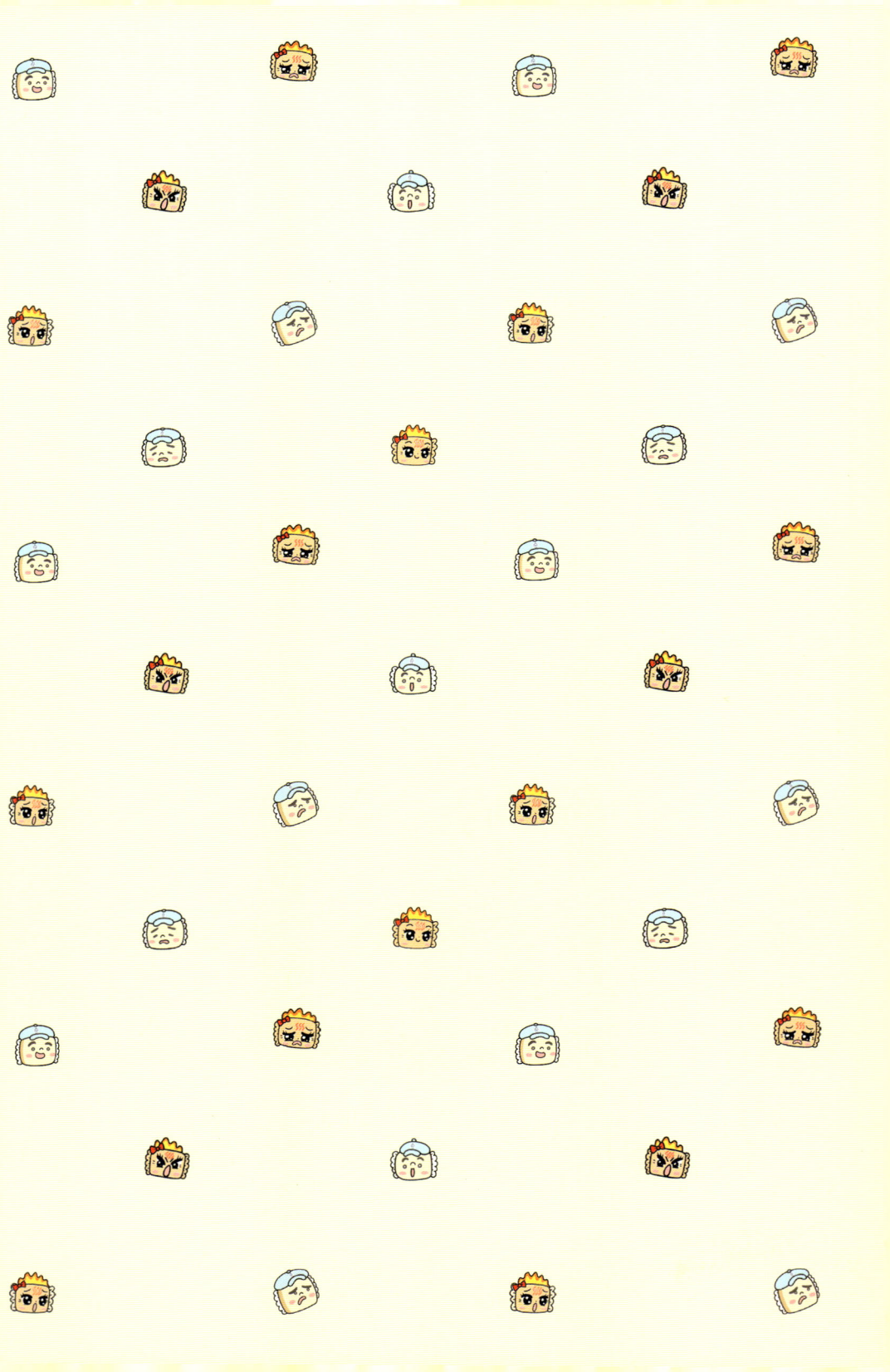

글 박정란, 서재인 | **그림** 김기수
펴낸날 2025년 6월 2일 초판 1쇄, 2025년 10월 15일 6쇄
펴낸이 위혜정 | **기획·편집** 스토리콘 | **디자인** 포도
펴낸곳 따끈따끈책방㈜ | **주소** 서울특별시 마포구 양화로186 LC타워 604호
전화 070-8210-0523 | **팩스** 02-6455-8386 | **메일** chucreambook@naver.com
출판등록 제2023-000176호

© 박정란, 서재인, 김기수 2025
저작권자의 동의 없이 무단 복제 및 전재를 금합니다.

ISBN 979-11-989487-5-5 77700

※ 잘못된 책은 구입처에서 바꾸어 드립니다. ※ 값은 뒤표지에 있습니다.
※ KC마크는 이 제품이 공통안전기준에 적합하였음을 의미합니다.

|어린이제품 안전특별법에 의한 표시사항| 제품명 도서 제조년월일 2025년 10월 15일
제조사명 따끈따끈책방㈜ 주소 서울특별시 마포구 양화로186 LC타워 604호 전화번호 070-8210-0523
제조국명 대한민국 사용 연령 6세 이상 ⚠주의 책 모서리에 찍히거나 책장에 베이지 않게 조심하세요.

instagram.com/chucreambook
슈크림북은 따끈따끈책방㈜의 아동 출판 브랜드입니다.

글 박정란 서재인
그림 김기수

맞춤법 천재라면

세기의 맞춤법 대결! 라면 팀 vs 편의점 팀

슈크림북

이 책에 들어가기 전에

다양한 분야의 폭넓은 교양을 키우는 시리즈 <천재라면>

'내가 만약 ○○ 천재라면?'이라는 상상에서 시작된 이 시리즈는 우리 어린이들이 각자가 가진 재능을 알고 이를 키워 나가기 위해 꼭 필요한 필수 교양 지식을 톡톡 튀는 라면들의 특별한 이야기로 전합니다.

내 생각을 제대로, 그리고 멋지게 전달하려면? 맞춤법 필수!

자신의 생각을 표현하고 전달할 때 기본 원칙인 맞춤법을 지키지 않는다면, 어떤 일이 벌어질까요? 이해와 소통에 어려움을 겪는 것은 물론, 신뢰가 떨어질 거예요. 또 맞춤법을 공부하다 보면 자연스레 언어 감각이 발달하게 되는데, 이러한 언어 감각은 모든 학문을 이해하고 습득하는 바탕이 됩니다.

기상천외 라면 봉지 캐릭터들과 함께하는 신나는 맞춤법 공부!

똑똑한 완벽주의자 매운맛과 느긋한 평화주의자 순한맛, 성격이 서로 정반대인 두 친구가 맞춤법 대회에 함께 출전하면서 겪는 에피소드가 생생하게 펼쳐집니다. 원플원(1+1) 편의점 팀과의 불꽃 튀는 대결, '나라면 더 먹으리' 마을 주민들의 따뜻한 응원 이야기가 감동적으로 그려지지요. 함께 공부하며 성장하는 이야기를 통해 체계적인 맞춤법 학습은 물론, 우정과 협동이라는 가치까지 배우게 됩니다.

체계적인 구성과 흥미진진한 스토리로 맞춤법 완전 정복!

황당하면서도 그럴듯한 맞춤법 파괴 사례부터 문해력이 쑥쑥 자라는 필수 맞춤법까지, 알쏭달쏭 맞춤법 사례를 머리에 쏙쏙, 흥미로운 만화로 구성하였습니다. 잘못된 맞춤법은 파란색으로, 바르게 교정된 맞춤법은 빨간색으로 표시하여 자연스레 올바른 맞춤법을 익히도록 하였지요. '순한맛 필기 노트', '매운맛 강의 노트', '김치 할아버지의 한마디' 등 다양한 코너를 통해 만화에서 배운 맞춤법의 요점을 정리해 주고, 실제 생활에 적용해 볼 수 있도록 올바른 활용 예시를 보여 줍니다. 또 챕터가 끝날 때마다 미션형 워크북 페이지인 '한 젓가락 더' 코너를 통해 배운 맞춤법을 점검할 수 있습니다.

캐릭터 소개

매운맛

- **성격** 무엇이든 1등을 해야 직성이 풀리는 완벽주의자!
- **좋아하는 것** 계획 세우기, 그리고 그 계획 지키기!
- **특징** 그라데이션 분노.

매운맛 → 더 매운맛 → 죽을 맛

순한맛

- **성격** 좋게 말하면 순둥순둥, 나쁘게 말하면 흐리멍덩한 구석이 있다. 촉촉한 눈망울이 포인트!
- **좋아하는 것** 낮잠, 아무것도 안 하기, 칭찬.
- **특징** 매운맛과 함께라면 어떤 공부도 두렵지 않은 성장형 캐릭터.

컵라면

- **취미/특기** 3분 맞추기.
- **특징** 라면들만 출전하는 맞춤법 대회에 '편의점 원플원(1+1)'이라는 꼼수를 이용해 삼각 김밥을 끌어들인다.

삼각 김밥

- **취미/특기** 전자레인지에서 몸 데우기.
- **특징** 제갈공명 저리 가는 전략가로, 컵라면을 물심양면으로 돕는다. 자주 하는 말은 "참지(치) 마…요."

짜장

어두운 곳에서는 잘 안 보인다. 그래서 "짜장(잔)!" 하고 나타나 놀라게 하는 걸 좋아한다.

부셔부셔

알고 보면 과자지만, 자신이 라면이라고 철석같이 믿고 있다. 거울을 보고 "눈이 너무 부셔! 부셔!" 하고 감탄하는 게 일상.

너굴

짜장과 단짝. 오동통 귀엽고 다정하다.

비빔이

새콤달콤 다양한 매력을 지녔다.

나라면 더먹으리 마을 사람들

↗반숙 ↖완숙

김치 할아버지
마을의 최고 웃어른.

달걀이
반숙과 완숙을 왔다 갔다 하는 중2병 소녀.

파 삼촌
썰렁한 개그를 잘하는 이웃 삼촌.

차례

이 책에 들어가기 전에 4
캐릭터 소개 6

 1화
부글부글 열받는 맞춤법

귀막힌 vs 기막힌 12
일해라절해라 vs 이래라저래라 14
낳으라고 vs 나으라고 16
개거품 vs 게거품 18
2틀 vs 이틀 20
윗어른 vs 웃어른 22
문안한 vs 무난한 24
시험시험 vs 쉬엄쉬엄 26
벗꽃 vs 벚꽃 28
모자르긴 vs 모자라긴 30
않 해 vs 안 해 32
절이면 vs 저리면 34
징징되지 마! vs 징징대지 마! 36
맞추는 vs 맞히는 38
어의가 없다 vs 어이가 없다 40
한 젓가락 더! 42

 2화
외우면 끝! 편하게 익히는 맞춤법

떡뽀끼 vs 떡볶이 46

우유곽 vs 우유갑 48
천정 vs 천장 50
깨끗히 vs 깨끗이 52
숫가락 vs 숟가락 54
베게 vs 베개 56
찌게 vs 찌개 58
눈꼽 vs 눈곱 60
방구 vs 방귀 62
트름 vs 트림 64
일부로 vs 일부러 66
꺼꾸로 vs 거꾸로 68
어짜피 vs 어차피 70
몇일 vs 며칠 72
겁장이 vs 겁쟁이 74
한 젓가락 더! 76

 3화
이거면? 저거면? 헷갈리는 맞춤법

반드시 vs 반듯이 80
쫓다 vs 좇다 82
메다 vs 매다 84
틀리다 vs 다르다 86
다치다 vs 닫히다 88
한참 vs 한창 90
벌이다 vs 버리다 92

엎다 vs 없다 94
갖다 vs 같다 96
거름 vs 걸음 98
때다 vs 떼다 100
넘어 vs 너머 102
바치다 vs 받치다 104
가리키다 vs 가르치다 106
부치다 vs 붙이다 108
한 젓가락 더! 110

 4화
후루룩 한 번에 이해하는 문해력 맞춤법

얘들 vs 애들 114
어떻게 vs 어떡해 116
오랜만에 vs 오랫동안 118
웬일 vs 왠지 120
-던지 vs -든지 122
ᵛ같이 vs -같이 124
대개 vs 되게 126
대로 vs 데로 128
-에요 vs -예요 130
이따가 vs 있다가 132
-데 vs -대 134
-로서 vs -로써 136
-지 vs ᵛ지 138

그리고 vs 그러고 140
그럼으로 vs 그러므로 142
한 젓가락 더! 144

 5화
꼬불꼬불 꼬부랑말 외래어 맞춤법

리더쉽 vs 리더십 148
뺏지 vs 배지 150
메세지 vs 메시지 152
쇼파 vs 소파 154
리모콘 vs 리모컨 156
빵꾸 vs 펑크 158
초콜렛 vs 초콜릿 160
엘레베이터 vs 엘리베이터 162
소세지 vs 소시지 164
에어콘 vs 에어컨 166
부페 vs 뷔페 168
돈까스 vs 돈가스 170
스케쥴 vs 스케줄 172
화이팅 vs 파이팅 174
참피언 vs 챔피언 176
한 젓가락 더! 178

에필로그 180
한 젓가락 더! 정답 186
체크 체크 정답 189

웃어른일까, 윗어른일까?
맞는 말에 **체크 체크**!

웃어른의 말씀을 잘 새겨들어야 해. ☐

윗어른의 말씀을 잘 새겨들어야 해. ☐

1화
부글부글 열받는 맞춤법

'일해라절해라'가 아니라 이래라저래라!

일해라절해라 하지 말아 줄래?

매운맛 강의 노트
왜, 귀가 막히고 코도 막힌다고 하지?

어떠한 일이 말할 수 없을 만큼 좋을 때,
또는 어처구니없는 일을 당했을 때는 기막히다고 하는 거야.
몸에 '기운'이 제대로 흐르지 못할 정도로 놀랍다는 표현이라고.

정말 기막힌 설명이네, 고마워!

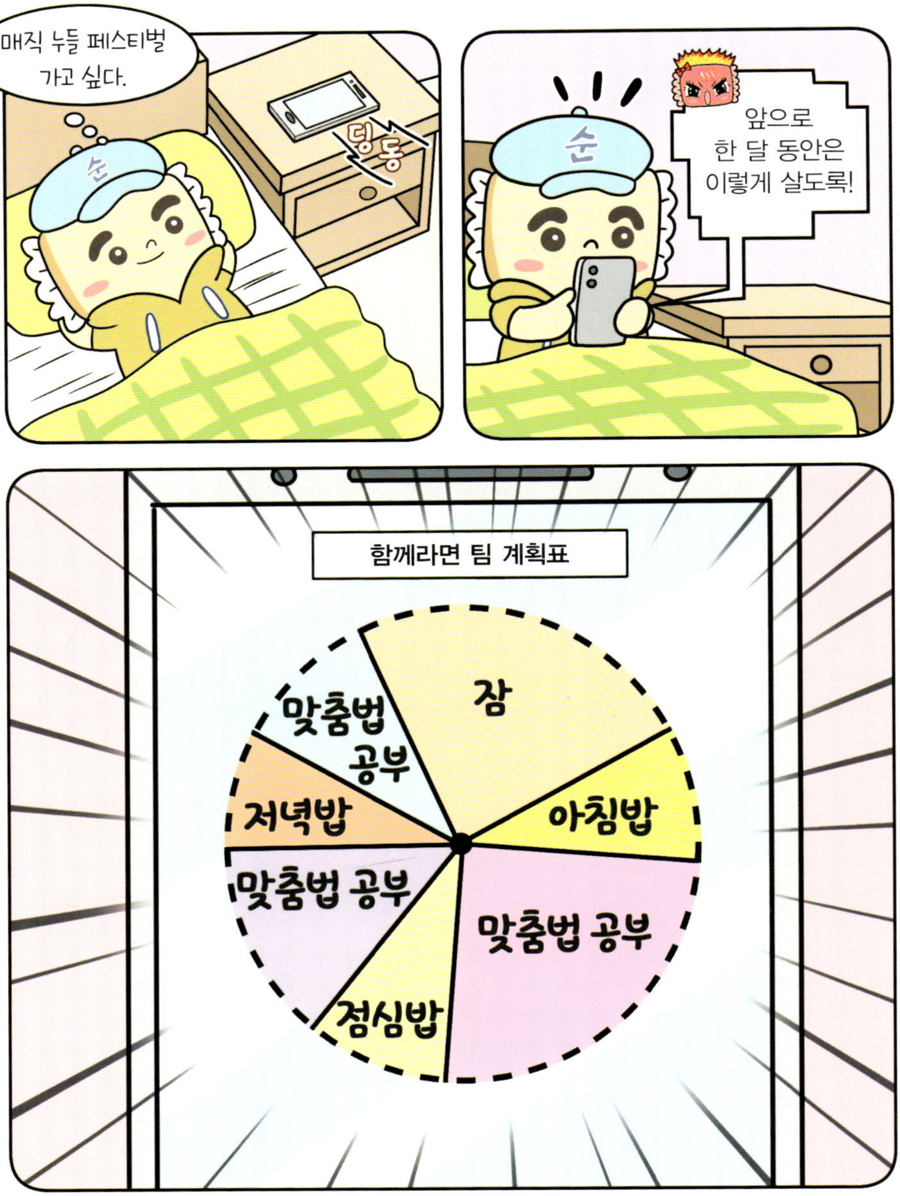

이게 뭐야?

한 달 안에 준비하려면 이렇게 공부해도 부족해.

ㅠㅠ

참! 만약 그날 분량을 못 끝내면 밤샘 공부도 각오해, 알겠지?

...

대답해!

저기… 그, 있잖아. 자꾸 **일해라절해라** 하지 말아 줄래?

...

순한맛 필기 노트

일해라절해라 (X)   이래라저래라 (O)

이래라저래라: '이리하여라 저리하여라'가 줄어든 말.

벌써 이래라저래라! 앞으로 어떡하지?

왜 ~~낳으라고~~ 나으라고 말을 못 해

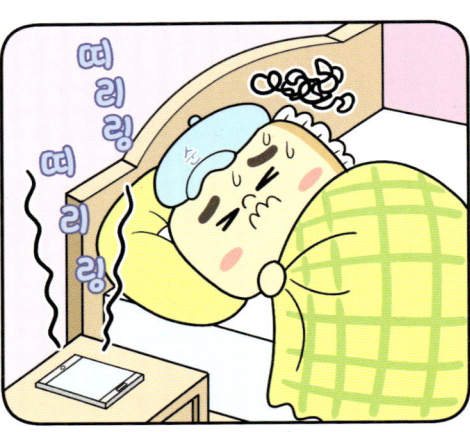

매운맛 강의 노트
아플 때는 빨리 나으라고 말하는 거야!

낳다는 아기, 새끼, 알 등을 몸 밖으로 내놓다라는 뜻이라고.
'열심히 맞춤법 공부해서 좋은 결과를 낳다'처럼
어떤 결과를 이루거나 가져오는 상황에서 쓸 수도 있어.
병이 고쳐지거나 상처가 아물다를 뜻하려면 낫다라고 써야 해.
뒤에 오는 글자에 따라 나아, 낫고, 낫지, 나으니 등으로 변하니까 주의해!

닭은 달걀을 낳고,
아플 땐 얼른 낫고!

~~개거품~~을 물다니!
게거품

매운맛 강의 노트
개거품이 아니라 게거품이잖아!

몹시 힘들어하거나 흥분했을 때 게거품을 물다라는 표현을 써. 게가 적을 만나거나 위험에 처했을 때 입 주변에 하얀 거품을 토하는 모습에서 나온 말이지. 멍멍 개가 흥분해서 입에 거품을 물더라도, 게거품이라고 써야 한다고!

알았으니까, 이제 게거품 물고 화내지 마.

이제 겨우 ~~2틀~~ 이틀 째인데

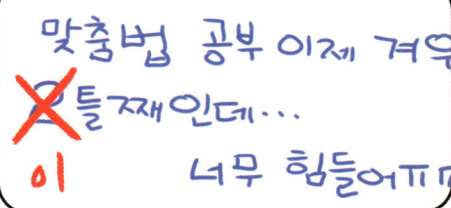

매운맛 강의 노트
어떻게 2틀이라고 쓸 수가 있어!

은 그 자체로 하나의 낱말이야. '이'와 '틀'로 뗄 수 없으니, 숫자 '2'로 쓰면 안 된다고!
우리말로 날짜 세는 법을 알려 줄 테니, 이번 기회에 다 공부해!

1일	2일	3일	4일	5일
하루	이틀	사흘	나흘	닷새
6일	7일	8일	9일	10일
엿새	이레	여드레	아흐레	열흘

2틀 → 이틀
4흘 → 사흘
10흘 → 열흘

☆ 사흘은
4일이 아니라 3일이란 걸
명심해.

윗어른일까 웃어른일까

매운맛의 밑줄 쫙!
윗어른일까? 웃어른일까?

'윗니 ↔ 아랫니, 윗도리 ↔ 아랫도리, 윗사람 ↔ 아랫사람'처럼
위와 아래가 분명한 말 앞에만 '윗'을 붙인다고?
그럼 '아래어른'이라는 말은 없으니까,
'웃'을 붙여 웃어른이라고 쓰면 되겠네!

얼른 웃어른을 뵈러
가 보실까!

내가 ~~무안한~~ 무난한 성격이라고?

 **김치 할아버지의 한마디**
세상에 문안한 성격은 없고, 무난한 성격만 있지!

무난하다는 성격 따위가 까다롭지 않고 무던하다는 뜻이란다.
별로 어려울 것이 없거나, 흠잡을 데가 없을 때도 무난하다고 하지.

 그럼그럼,
난 무난한 성격이지.

문안하다는 웃어른께 안부를 여쭌다는 의미야.
무난하다와 구별해서 써야 해.

 네! 앞으로 자주
문안드릴게요!

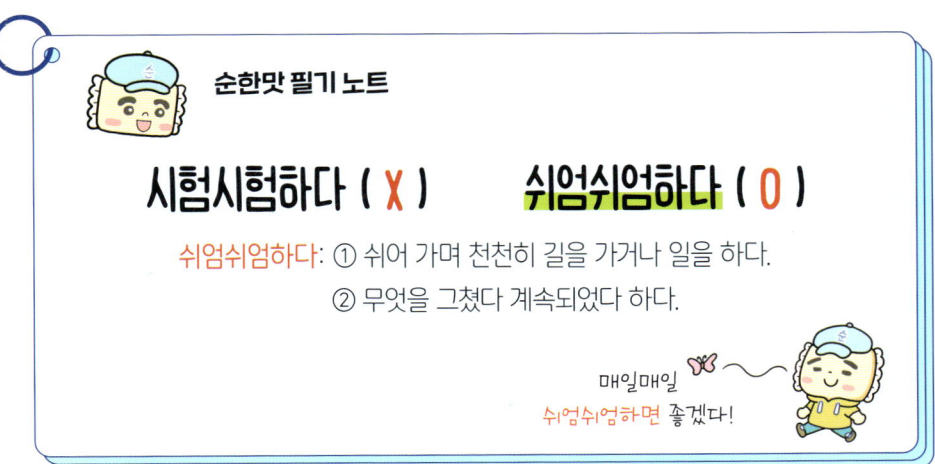

 **순한맛 필기 노트**

벚꽃 (X)　　　　벚꽃 (O)

벚꽃: 벚나무의 꽃.
봄에 화창하게 피며, 꽃이 지고 나면
열매 버찌가 까맣게 익는다.

 **순한맛 필기 노트**

모자르다 (X)   모자라다 (O)

모자라다: ① 기준이 되는 양이나 정도에 미치지 못하다.
② 지능이 일반적인 사람에 미치지 못하다.

모자르다는 틀린 표현!

아까 먹은 닭꼬치가
모자랐나 봐.
배고프다!

나는 원래 주말에 공부 ~~않 해~~! 안 해

매운맛 강의 노트
않 하는 게 아니고 안 하는 거겠지!

안: '아니'를 줄인 말.

 공부를 안 한다.

않: '아니 하'를 줄인 말.

공부하지 않는다.

'안'과 '않'을 구별하는 특급 비밀을 알려 주지!

☆ '아니'와 바꿔 쓸 수 있으면 '안'
바꿔 쓸 수 없으면 '않'

이거 먹으면 아니 돼? ➡ 이거 먹으면 안 돼?(○)
이거 먹으면 아니 하 돼? ➡ 이거 먹으면 않 돼?(✕)

손발이 ~~절이면~~ 저리면 되겠어?

매운맛 강의 노트
발음이 같다고 헷갈리면 안 돼!

절이다는 채소나 생선을 소금, 식초, 설탕 따위에 담가 간이 배어들게 한다는 뜻이야.

피클은 오이를 절여서 만들어!

저리다는 몸에 피가 잘 통하지 않아 느낌이 없고 움직이기 불편할 때 사용하는 말이야. '가슴이 저리잖아'처럼 마음이 아플 때도 쓰지.

무릎 꿇고 앉아 있었더니 다리가 저려!

 **순한맛 필기 노트**

징징되다 (X)   징징대다 (O)

징징대다: 언짢거나 못마땅하여 자꾸 보채거나 짜증을 내다.
징징거리다도 맞는 표현!

징징대는 거 별로인데,
조심해야겠어!

정답은 ~~맞추는~~ 맞히는 거야!

 **매운맛 강의 노트**
반은 맞히고 반은 틀렸어!

정답을 골라내는 상황에서는 **맞히다**를 써야 해. '내가 정답을 맞혔어!'처럼 말이야.

 다음에는 정답을 꼭 **맞혀** 볼게!

떨어져 있는 조각을 알맞은 자리에 붙이거나 끼울 때는 **맞추다**를 써. '퍼즐을 다 맞췄어!'처럼. 둘 이상의 일정한 대상들을 나란히 놓고 비교하여 살필 때도 맞추다를 쓰지!

 '시험이 끝나자마자 친구의 답과 **맞추어** 보았다.'처럼!

어의?

임금의 병을 치료하는 어의!

순

어제 엄마가 보던 드라마에 나온 말인데, 근데 왜 **어의**가 없어?

 **순한맛 필기 노트**

어의없다 (X)   어이없다 (O)

어이없다: 일이 너무 뜻밖이어서 황당하고 기가 막히는 듯하다.
어의없다는 어이없다의 잘못된 표현!

내가 어의없다고 해서
매운맛이 얼마나 어이없었을까!

한 젓가락 더!

1 다음 문장에서 맞춤법이 틀린 곳을 찾아 밑줄을 긋고 바르게 고쳐 보세요.

> 그거 정말 귀막히는 계획이잖아!

( )

2 다음에서 바르게 쓴 낱말에 ○표 해 보세요.

나한테 　일해라절해라 / 이래라저래라　 하지 마.

3 다음 문장의 괄호 안에 들어갈 알맞은 말을 써 보세요.

> 매운맛은 엄청 무서워. (　　)거품을 물고 화낼 때도 있어!
> 　　　　　　　　　　　　　　　　　　　　＊힌트 : 바다

( )

4 괄호 안에 들어갈 말을 보기에서 골라 바르게 써 보세요.

> **보기**　　낳다　낫다　무난하다　모자라다
> 　　　　　맞히다　맞추다　징징대다

(1) 아기가 배가 고파서 계속 (　　　　).
(2) 힘을 합해 정답을 (　　　　).
(3) 조각이 1,000개인 퍼즐을 (　　　　).
(4) 흠잡을 데 없이 (　　　　).
(5) 요즘 매일 늦게 잤더니 잠이 (　　　　).

5 순한맛이 매운맛을 만나러 가야 해요. 맞춤법에 맞는 표현을 골라서 길을 찾아가 보세요.

우유곽일까, 우유갑일까?
맞는 말에 **체크 체크**!

우유곽은 재활용할 수 있는 방법이 많아.	☐
우유갑은 재활용할 수 있는 방법이 많아.	☐

외우면 끝!
편하게 익히는 맞춤법

우린 자신감이
천장을 뚫지!

천정은 틀리고,
천장이 맞는 말!
외워 둬.

우리 ~~떡뽀끼~~ 떡볶이 먹고 갈래?

매운맛 강의 노트
매콤 달콤 떡볶이, 제대로 알고 먹기!

떡·채소·어묵 등을 넣고 양념해 볶은 맛있는 떡볶이!
'떡'을 '볶'은 음식, 떡볶이라고 생각하면 헷갈리지 않을 거야!
특히 떡볶기로 표기하지 않도록 주의해야 해.

떡볶이 먹을 때 순대가 빠지면 섭섭한데,
같이 먹을까?

 **매운맛 강의 노트**
우유를 담은 상자, 우유갑!

물건을 담는 작은 상자를 '갑'이라고 해. 우유갑은 우유를 담은 상자를 뜻하지!
우유곽은 잘못된 표현! 성냥을 담은 상자도 성냥곽이 아니라 성냥갑이 맞아!

 우유갑 함부로 던지지 마!
우유 흐른다!

자신감이 ~~천전~~ 천장을 뚫어!

 **매운맛 강의 노트**

건물 안 윗부분, 지붕 아래가 바로 천장이야!

천장은 맞고, 천정은 틀렸어!
오래전 두 낱말 모두 표준어이던 시절도 있었지. 하지만 더 널리 쓰이는 낱말을 표준어로 삼는다는 규정에 따라 천장이 살아남았어.

 그럼 천장이 이긴 거네!

매운맛 강의 노트
깨끗이는 예외니까 꼭 외워!

'ㅅ', 'ㄱ' 받침으로 끝나는 말 다음이나,
같은 말이 반복된 다음에는 '-이'를 써.
깨끗이 / 느긋이 / 깊숙이 / 틈틈이 / 겹겹이

그 외에는 '-하다'를 붙였을 때 말이 되면 '-히'를 쓰면 돼!
정확하다 → 정확히 / 꼼꼼하다 → 꼼꼼히 / 솔직하다 → 솔직히

'깨끗하다'로 쓸 수 있지만,
뜻을 나타내는 중심 부분 '깨끗'이 'ㅅ' 받침으로 끝나서
깨끗이가 맞아!

이것으로
궁금증을 깨끗이
해결했네!

* ‿ : 붙여 써야 할 곳에 사용하는 부호.

없는 느낌적인 느낌?

컵라면의 밑줄 쫙!
숟가락 가는 데, 젓가락도 가야지!

숟가락과 젓가락이 누구나 아는 한 쌍이긴 하지만, 받침까지 같은 건 아니야! 헷갈리기 쉬우니까, 세트로 외워서 기억해! 우리처럼!

숟가락은 'ㄷ', 젓가락은 'ㅅ'.

푹신한 ~~베게~~ 베개

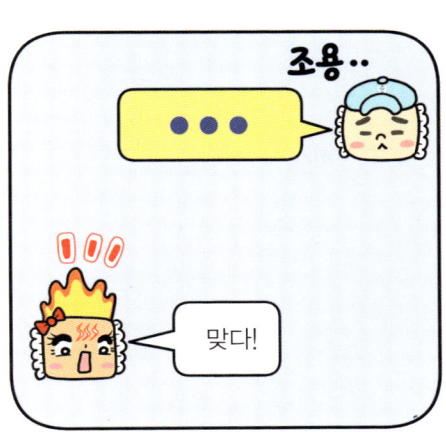

 **매운맛 강의 노트**
베게가 아니라 베개!

잠잘 때 베고 자는 물건은 **베개**야!
베게·배개·비게·벼게 등 잘못된 표현이 많지만, 정답은 하나! 베개뿐이야!

베개를 베고 누우면
얼마나 편하게요!

순한맛 필기 노트

찌게 (X)　　　찌개 (O)

찌개: 국이나 탕보다 국물을 적게 잡고 고기, 채소, 두부 등을 넣어 끓인 음식.
찌게는 틀린 표현!

식당에도 찌게라고 잘못 쓴 곳이 꽤 많아.

식당에 가면 찌개로 적혀 있는지 확인해 봐야겠네.

눈곱도 못 떼고 공부 중?

 **매운맛 강의 노트**
발음할 땐 눈꼽이지만, 쓸 때는 눈곱!

눈곱은 '눈'과 '곱'이 합쳐져 만들어진 말이야.
곱은 원래 동물의 지방을 뜻했는데,
의미가 넓어지면서 몸과 눈에서 나오는 진득진득한 물질도 가리키게 됐지.
아주 적거나 작은 것을 눈곱에 빗대어 표현하기도 해.

내가 좋아도 너는 쥘 생각이
눈곱만큼도 없지?

 **순한맛 필기 노트**

방구 (X)   방귀 (O)

방귀: 뱃속에서 음식물이 소화되는 과정에서 생겨
똥구멍으로 나오는 구린내 나는 기체.
방구는 사투리!

소리가 안 나면 방귀 냄새가
더 독하다던데?  ……．

 **순한맛 필기 노트**

트름 (X) 트림 (O)

트림: 먹은 음식이 소화가 잘되지 않아서 가스가 생겨 입으로 복받쳐 나오는 것.
트름은 트림의 잘못된 표현!

탄산음료를 마시면
트림이 나오기는 해.

~~일부로~~ 일부러 그런 게 아니라

매운맛 강의 노트
이걸 일부러 설명해야 할까?

일부러는 어떤 목적이나 생각을 가지고 무엇을 굳이 할 때 쓰는 말이야.
'일부러 눈감아 주다'처럼 알면서도 마음을 숨기는 상황에서도 쓰고.
지역에 따라서는 일부러를 일부로라고 말해.
그러니까 일부로는 사투리인 셈인데, 맞춤법은 표준어를 기준으로
바르게 적어야 하는 거, 알고 있지?

하하!
일부러 모른 척하기도 힘드네.

똑바로 봐도 ~~꺼꾸로~~ 봐도
거꾸로

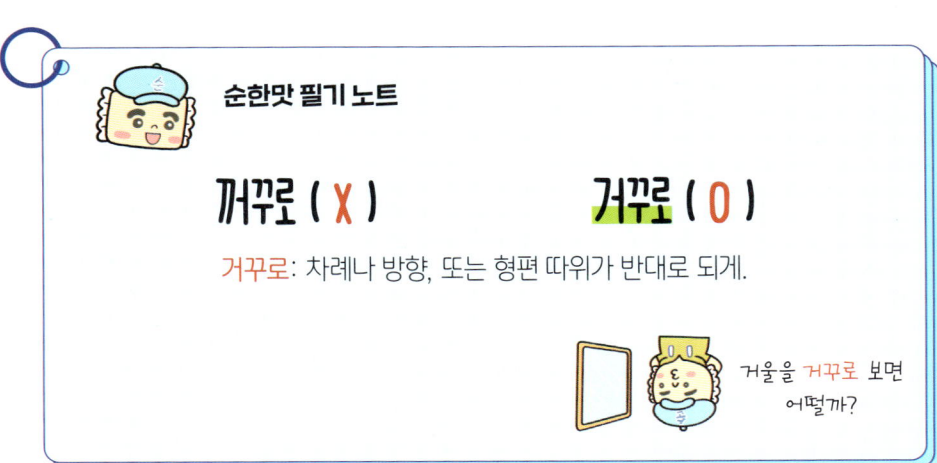

우승은 누구?

순한맛 필기 노트

어짜피 (X)   어차피 (O)

어차피: 이렇게 하든지 저렇게 하든지. 또는 이렇게 되든지 저렇게 되든지.

어차피 할 거라면 제대로 해야겠어!

매운맛 강의 노트
몇일은 없고 오로지 며칠만 있어!

며칠은 날짜를 물을 때 자주 쓰는 말이야.
'몇'에 '일'을 붙인 게 아니라, 며칟날이 줄어 며칠이 되었지.
몇 년, 몇 월, 몇 시, 몇 분 같은 표현이 있어서 헷갈릴 만하니 며칠은 그냥 외워!
참! '며칠 지나니 좋아졌어'처럼 시간의 흐름을 말할 때도 쓰니 기억해 두라고.

그래서 며칠 뒤에?
준비할 시간이 필요해.

컵라면의 밑줄 쫙!
쟁이와 장이, 이렇게 구별해!

- -쟁이는 낱말 뒤에 붙어, 어떤 특징이나 성질이 많은 사람을 나타내.
  겁쟁이 / 멋쟁이 / 개구쟁이 / 수다쟁이

- -장이는 낱말 뒤에 붙어, 어떤 기술을 가지고 있는 사람을 나타내.
  대장장이 / 옹기장이 / 미장이 / 양복장이

겁쟁이처럼 도망가지 말고 당당하게 맞서라고!

한 젓가락 더!

1 다음 밑줄 친 낱말을 바르게 고쳐 보세요.

> 밥을 먹고 이를 깨끗히 닦아야 해.

( )

2 다음에서 바르게 쓴 낱말에 ○표 해 보세요.

> 오늘이 몇 월 　몇 일 / 며칠　 이지?

3 괄호 안에 들어갈 알맞은 말을 보기 에서 골라 써 보세요.

> 보기　　　　장이　　　쟁이

㉠ : 낱말 뒤에 붙어, 어떤 특징이나 성질이 많은 사람을 나타냄.
㉡ : 낱말 뒤에 붙어, 어떤 기술을 가진 사람을 나타냄.

㉠ : (　　　　), ㉡ : (　　　　)

4 괄호 안에 들어갈 말을 보기 에서 골라 바르게 써 보세요.

> 보기　　일부러　　눈곱　　방귀　　거꾸로　　어차피　　천장

(1) 이 집은 (　　　　)이 무척 높아.
(2) 혹시 소화가 잘 안 되니? (　　　　) 냄새가 너무 심해.
(3) 아무리 방해해도 (　　　　) 우승은 우리가 할 거야!
(4) (　　　　) 매달려 있으니, 세상이 재밌게 보여!
(5) 눈에 붙은 (　　　　) 좀 떼 주겠니?

5 아래에서 숨은 그림을 찾은 다음, 맞춤법에 맞게 빈칸을 채워 보세요.

메다일까, 매다일까?
맞는 말에 **체크 체크**!

가방을 (메다 / 매다)

신발 끈을 (메다 / 매다)

넥타이를 (메다 / 매다)

이거면? 저거면?
헷갈리는 맞춤법

반드시와 반듯이

매운맛 강의 노트
반드시와 반듯이, 어떻게 다를까?

두 낱말은 발음이 같아 헷갈리기 쉽지만, 서로 뜻이 달라서 구별해 써야 해.

반드시는 틀림없이, 꼭을 뜻해. '약속을 반드시 지켜야 해'처럼 어떤 일이 꼭 이루어져야 할 때 쓰지.

노력하면 반드시 좋은 결과가 따르겠지?

반듯이는 비뚤지 않고 바르게를 뜻하며, '자세를 반듯이 해라'와 같이 써.
한편 생김새가 아담하고 말끔할 때도 반듯이를 쓸 수 있어.

그렇게 마음가짐을 반듯이 하면 될 거야!

쫓다와 좇다

매운맛 강의 노트
쫓다와 좇다는 다른 말이야!

쫓다는 '도둑을 쫓다'와 같이 뒤를 따라가다라는 뜻으로 흔히 쓰여.
또는 어떤 자리에서 떠나도록 몰거나, 밀려드는 졸음이나 생각 따위를 물리치다라는 뜻도 있지.

아! 그러니까 남을 쫓지 말고….

좇다는 목표나 꿈 따위를 향해 나아갈 때 또는 남의 의견이나 규칙 따위를 그대로 따를 때 어울리는 말이야. '꿈을 좇다', '가르침을 좇다'와 같이 쓰이지.

꿈을 좇으라는 말이야!

매운맛 강의 노트
가방은 메고 넥타이는 매고!

우리가 흔히 쓰지만 헷갈리기 쉬운 맞춤법이니 기억해 둬!

메다는 어깨에 걸치거나 올려놓다라는 뜻이야.
따라서 '가방을 메다'가 맞아.

 그렇다면 배낭은 메고….

매다는 끈이나 줄 따위를 단단히 묶어서 풀어지지 않게 할 때 써.
그러니까 '넥타이를 매다'라고 해야 해.

 신발 끈은 매고! 맞지?

틀리다와 다르다

순한맛 필기 노트

틀리다: ① 셈이나 사실 따위가 맞지 않거나 어긋나다.
② 어떤 일이 제대로 이루어지지 못하다.
③ 마음이나 행동 따위가 올바르지 못하고 비뚤어지다.

다르다: ① 비교가 되는 두 대상이 서로 같지 아니하다.
② 보통의 것보다 두드러진 데가 있다.

보통 틀리다는
옳고 그름을 판단할 때,
다르다는 차이를 나타낼 때 써.

내가 틀려서
서로 뜻이 다른 것을 배웠네!

다치다와 닫히다

매운맛 강의 노트
문이 다칠 리가, 문이 닫혀서겠지!

두 낱말은 발음이 같아서 쓸 때 헷갈릴 수 있으니, 이번 기회에 차이를 정확히 알려 줄게.

다치다는 보통 충격을 입어서 몸이나 마음에 상처가 생겼을 때 써.

아무튼 다치지 않은 거지?

닫히다는 열리다의 반대말이야. 문, 뚜껑, 서랍 등 열린 것이나 트인 것이 제자리로 가 막혔을 때 쓰지.

덕분에 문이 닫히지 않아서 괜찮아!

한참과 한창

순한맛 필기 노트

한참: ① 시간이 꽤 지나는 동안.
② 어떤 일이 꽤 오래 일어나는 모양.
③ 수나 분량, 정도 따위가 일정한 기준보다 훨씬 넘게.

한창: ① 어떤 일이 가장 무르익거나 활발한 때.
② 어떤 일이 가장 무르익거나 활발하게 일어나는 모양.

그래도 아직 **한참** 더 공부해야 해.   힝, **한창** 놀 때가 그립네.

벌이다와 버리다

매운맛 강의 노트
벌이다와 버리다도 헷갈리기 쉬우니 짚고 넘어갈까?

벌이다는 어떤 일을 시작하거나 펼쳐 놓다라는 뜻이야. '잔치를 벌이다'와 같이 쓰이지. 또 다툼이나 경쟁을 하거나, 여러 가지 물건을 죽 늘어놓을 때도 쓸 수 있어.

이미 벌여 놓은 일이니 열심히 해!

버리다는 '쓰레기를 버리다'와 같이 필요 없는 물건을 내던지거나 내놓을 때 쓰여. 이 밖에도 생각이나 버릇 따위를 떼어 없앨 때, 어떤 것을 망치거나 못 쓰게 만들 때, 무엇을 돌보지 않고 내버려둘 때도 쓰이지.

다 같이 모이면 공부 안 할 거라는 편견을 버려!

엎다와 없다

매운맛 강의 노트
발음이 같아서 헷갈리는 맞춤법 하나 더!

무엇을 넘어뜨려 속에 담긴 것을 쏟았을 때는 <u>엎다</u>를 써. 또 물건을 뒤집어 놓거나, 어떤 일을 완전히 바꾸기 위해 없앨 때도 쓸 수 있어.

컵을 <u>엎다</u>니 일이 커졌네.

<u>없다</u>는 무엇이 이 세상에 있지 않을 때 써. '매운맛처럼 똑똑한 아이는 거의 없다'처럼 무엇이 많지 않아 드물 때도 쓸 수 있지.

이제 다 같이 모여서 공부하는 일은 <u>없다</u>, 알았지?

갖다와 같다

순한맛 필기 노트

갖다: '가지다'의 준말.
　① 손이나 몸에 지니다.
　② 자기 것으로 하다.
　③ '가지고', '갖고' 형태로 쓰여, 앞에 오는 말을 강조한다.

작은 실수 갖고라니! 운동화에 발자국이 뚜렷이 남았다고!

같다: ① 서로 다르지 않다.
　② 다른 것과 비교하여 그것과 다르지 않다.

천사 같은 내가 먼저 사과해야지!

거름과 걸음

악! 언제 소똥을 밟았지?

저기, 네 발 좀 봐 볼래?

네가 **걸음** 뗄 때마다 **거름** 냄새가 더 심해지는 것 같아!

잠깐! **걸음**이랑 **거름**도 공부해 둬야 할 맞춤법이야!

지금 맞춤법이 문제야? 이거부터 닦아야지!

 **순한맛 필기 노트**

거름: 식물이 잘 자라도록 흙에 뿌리거나 섞는 물질.
똥, 오줌, 짚, 음식 찌꺼기 등을 썩혀 만든다.

걸음: ① 두 발을 번갈아 움직여서 자리를 옮기는 것.
② 일정한 방향으로 나아가는 움직임.

거름을 많이 주면 땅이 기름져 농사가 잘된대!

똥 밟지 않게 한 **걸음** 한 **걸음** 조심해야 해!

매운맛 강의 노트
땔 때와 뗄 때를 구별하는 방법을 알려 줄게!

우리나라 말 중에 발음이 같은 말이 정말 많지? 때다와 떼다도 발음이 같지만 뜻은 전혀 다르니 잘 기억해 둬!

때다는 장작 등으로 불을 피워 무언가를 타게 할 때 써.

아궁이에 불을 **때면** 방이 따뜻해지지!

떼다는 붙어 있거나 이어져 맞닿은 것을 떨어지게 할 때 쓰는 말이지!

아, 이 스티커 **떼기** 정말 힘드네!

넘어와 너머

순한맛 필기 노트

넘다: ① 일정한 시간, 시기, 범위 등에서 벗어나 지나다.
② 높은 부분이나 경계, 어떤 기준이나 어려움 등을 지나다.

너머: 가로막는 것이 있어서 보이지 않는 저쪽 또는 공간.

선 넘지 말라고 했지?  저 너머 어딘가 매운맛이 없는 그곳도 있으려나….

바치다와 받치다

순한맛 필기 노트

바치다: ① 어떤 뜻을 이루기 위해 모든 것을 아낌없이 내놓다.
② 신이나 웃어른께 공손하게 드리다.

받치다: ① 어떤 일을 잘할 수 있도록 뒷받침하다.
② 쓰러지지 않도록 물건의 밑이나 옆에 다른 물체를 대다.

모든 걸 바치는 건 네가 아니라 나야!

 그, 그래도 받쳐 주는 건 내가 맞지?

가리키다와 가르치다

 **순한맛 필기 노트**

가리키다: ① 손가락이나 막대기 등으로 어떤 방향이나 대상을 집어서 말하거나 알리다.
② 어떤 대상을 특별히 집어서 두드러지게 나타내다.

가르치다: ① 지식, 기술, 예절 등을 깨닫게 하거나 익히게 하다.
② 모르는 것을 알려 주다.

내가 가리키는 데가 어딘지 잘 봐!   매운맛이 맞춤법을 잘 가르치긴 해!

매운맛 강의 노트
도전장을 **부치기** 전에, 스티커를 **붙이자니!**

부치다는 편지나 물건 등을 상대에게 보낸다는 뜻이야. 어떤 문제를 의논 대상으로 내놓거나, 어떤 일을 밖으로 알리지 않을 때도 쓸 수 있지.

쉿! 오늘 도전장 **부친** 일은 비밀에 **부쳐**!

붙이다는 꽉 닿아 떨어지지 않게 하는 것을 의미해. 어떤 것에 가까이 닿게 할 때도 붙인다고 표현해!

누가 보지 않게 풀로 꼭꼭 **붙일** 거야.

한 젓가락 더!

1 다음 중 바르게 쓴 낱말에 ○표 해 보세요.

(1) 자세를 (반듯이 / 반드시) 하렴!
(2) 신발 끈 (매고 / 메고) 갈게!

2 밑줄 친 낱말을 바르게 고쳐 보세요.

> 도둑이 담을 너머 들어왔다.

(   )

3 다음 문장을 바르게 연결해 보세요.

(1) 이렇게 맛있는 우유를 •   • 없다니!

(2) 나보다 똑똑한 사람이 •   • 엎다니!

4 괄호 안에 들어갈 말을 보기에서 골라 바르게 써 보세요.

> **보기**   다르다   틀리다   한참   한창   때다   떼다

(1) 세계 여러 나라의 문화는 서로 (   ).
(2) 방학식이 (   ) 남아서 서운해!
(3) 옷에 달린 상표를 (   ).
(4) 봄이 되니 벚꽃이 (   )이야!
(5) 캠핑장에서 장작으로 불을 (   ).

5 아래 힌트를 보고, 퍼즐에 숨겨진 정답을 찾아보세요.

힌트
(1) 서로 다르지 않다.
(2) 식물이 잘 자라도록 흙에 뿌리거나 섞는 물질.
(3) 일을 계획하여 시작하거나 펼쳐 놓다.
(4) 지식, 기술, 예절 등을 깨닫게 하거나 익히게 하다.
(5) 편지나 물건 등을 상대에게 보내다.

벌	이	다	횡	북	괴
가	민	사	랑	바	강
새	부	치	다	술	시
서	맞	춤	법	같	다
가	혜	예	가	세	송
르	민	민	스	고	름
치	치	님	북	치	다
다	지	거	름	우	유

웬일일까, 왠일일까?
맞는 말에 **체크 체크**!

네가 책을 다 읽다니, 이게 웬일이야? ☐

네가 책을 다 읽다니, 이게 왠일이야? ☐

후루룩 한 번에 이해하는 문해력 맞춤법

4화

웬지 나 때문에 질 것 같아.

웬지가 아니라 왠지!

애들과 애들

컵라면의 밑줄 쫙!
얘들은 정말 재밌는 애들이야!

발음도 글자 모양도 비슷하지만, 획 하나 차이로 의미가 달라지지!

얘들은 '이 아이들'이 줄어든 말이야. 말할 때 생각하고 있는 대상을 부르거나 가리킬 때 쓰지.

 얘들은 무슨 용기로 이런 도전장을 보낸 거지?

애들은 '아이들'이 줄어든 말이지! 특별히 어떤 대상을 가리키는 게 아닐 때도 쓸 수 있어.

 근데 요즘에도
 손 편지 쓰는 애들이 있네!

매운맛 강의 노트
어떻게, 어떡해 어떤 게 맞을까?

어떻게는 '어떻다'에 '-게'가 붙은 말이야. 서술어를 꾸미는 말이라 반드시 서술어가 뒤에 붙어야 해. 서술어는 '하다', '가다', '되다'처럼 한 문장에서 움직임이나 상태 등을 나타내는 말이야.

어떻게 된 일이야?

어떡해는 '어떻게 해'가 줄어든 말이야. 보통 문장 끝에 오며, 당황하거나 어찌할 줄 모를 때 쓰여.

계속 싸우면 어떡해!

117

오랜만에와 오랫동안

김치 할아버지의 한마디
오랜만에와 오랫동안이 헷갈린다고?

오랜만에는 '오래간만에'가 줄어든 말이란다. 어떤 일이 일어나고 긴 시간이 지난 뒤를 뜻하지.

우리 오랜만에 아이스크림 먹으러 갈래?

오랫동안은 시간상으로 꽤 긴 동안을 가리키는 말이란다.

내가 오랫동안 생각했는데, 딸기 맛이 좋을 것 같아!

웬일과 왠지

매운맛 강의 노트
'웬'이냐 '왠'이냐 그것이 고민이로다!

은 어찌 된 일, 의외의 뜻을 나타내. '웬일로', '웬일이니?', '웬일인지', '웬일일까?' 등과 같이 써. 웬일만 맞고, 왠일은 틀리지.

> 매운맛이 웬일로 이렇게 친절하지?

왠지는 왜 그런지 모르게, 뚜렷한 이유도 없이를 뜻해. '왜 그런지'와 바꿀 수 있으면 왠지를 써도 돼!

> 오늘은 왠지 기분이 좋아!

-던지와 -든지

매운맛 강의 노트
-던지와 -든지, 이제는 구별할 수 있어!

<u>-던지</u>는 과거에 일어난 일을 현재 상황에서 생각하거나 추측할 때 쓰는 말이야.

구경꾼이 얼마나 많던지 깜짝 놀랐다니까!

<u>-든지</u>는 '사과를 먹든지 배를 먹든지'처럼 여러 가지 중에서 어느 것을 선택하거나 어떤 일이 일어나도 아무런 상관이 없을 때 써.

구경꾼이 많든지 적든지 신경 쓰지 말자고!

ᵛ같이와 -같이

* ᵛ : 띄어 써야 할 곳에 사용하는 부호.

매운맛 강의 노트
의미에 따라 띄어쓰기가 달라!

ˇ같이는 여럿이 함께, 어떤 상황이나 행동 따위와 다름없이라는 뜻이야.

이런 식이면 너랑 같이 못해!

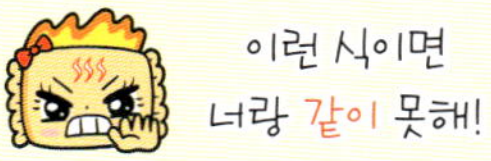

-같이는 앞말과 특징이 서로 비슷할 때 써. '-처럼'으로 바꾸어 생각하면 쉽지. '매일같이'처럼 앞말이 나타내는 때를 강조하기도 해.

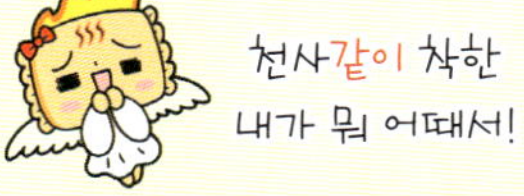

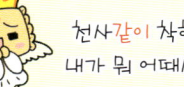
천사같이 착한 내가 뭐 어때서!

대개와 되게

 **순한맛 필기 노트**

대개: ① 절반이 훨씬 넘어 전체에 거의 가까운 정도.
② 일반적인 경우에.

되게: 아주 몹시, 매우 많이.

정답은 대개 내가 맞히지!   너 되게 잘난 척하는 것처럼 보여.

대로와 데로

순한맛 필기 노트

대로: ① 어떤 모양이나 상태와 같이.
② 어떤 상태나 행동이 나타나는 그 즉시.
③ 어떤 상태나 행동이 나타나는 때마다.
④ 할 수 있는 만큼 최대한.
⑤ 상태가 몹시 심하다는 것을 나타내는 말.

데로: ① 어떤 곳이나 장소를 나타내는 말.
② 어떤 경우를 나타내는 말.

좋아! 나한테 배운 대로 잘하고 있어!   근데 나 정말 아무도 없는 데로 가고 싶어.

-에요와 -예요

 김치 할아버지의 한마디
-에요와 -예요, 간단하게 정리해 주마!

-에요는 문장 끝에 쓰여서 설명이나 물음의 뜻을 나타낸단다.
-예요는 '이'와 '에요'가 만나 만들어진 '이에요'의 줄임말이야.
따라서 앞에 오는 글자에 받침이 있는지 없는지를 보고 골라 쓰면 되지.
단, 아니에요는 '아니다'의 '아니'에 '에요'가 붙은 것이니 따로 외워 두렴.

앞에 오는 말에 받침이 있으면, **이에요!** 귤이에요 / 학생이에요	앞에 오는 말에 받침이 없으면, **예요!** 사과예요 / 우리나라예요

우리가 정답이에요.

이런, 제 실수예요!

이따가와 있다가

순한맛 필기 노트

이따가: 조금 지난 뒤에.

있다가: '있다'에 '-다가'가 합쳐진 말로, 어떤 동작이나 상태가 끝나고 다른 동작이나 상태로 옮겨짐을 나타냄.

메뉴는 이따가 정해도 돼.

여유 부리고 있다가 배달이 밀리면?

-데와 -대

매운맛 순한맛 팀이 2점 지고 있는데….

맙소사! 들었어? 우리가 지고 있데.

나도 들었거든. 그리고 들은 내용을 전달할 때는 '데'가 아니라 '대'를 써야 해.

지금 그게 중요해? 대결이 중요하지.

대결도 중요하지만, 이것도 중요하다고!

매운맛 강의 노트
직접 겪은 일이면 데, 전해 들은 일이면 대!

-데는 '-더라'와 같은 말로, 말하는 사람이 직접 보거나 겪은 사실을 전할 때 써.

컵라면이 정답을 잘 맞히데!
컵라면이 정답을 잘 맞히더라!

-대는 '-다고 해'가 줄어든 말로, 남에게 들은 내용을 전달할 때 쓰지.

실수 때문에 정신이 번쩍 들었대!
실수 때문에 정신이 번쩍 들었다고 해!

-로서와 -로써

과연 정답을 맞힐 팀이 있을지 궁금하구나.

오히려 좋아! 실력을 확실히 보여 줘야겠어.

이 문제를 맞힘으로써 우리가 완벽히 이겨 보자고!

그래그래!

아자!

로써? 로서가 맞지 않나? 김치 할아버지도 로서라고 했잖아.

있잖아, 자격이 아닌 수단을 말할 때는 -로써가 맞아.

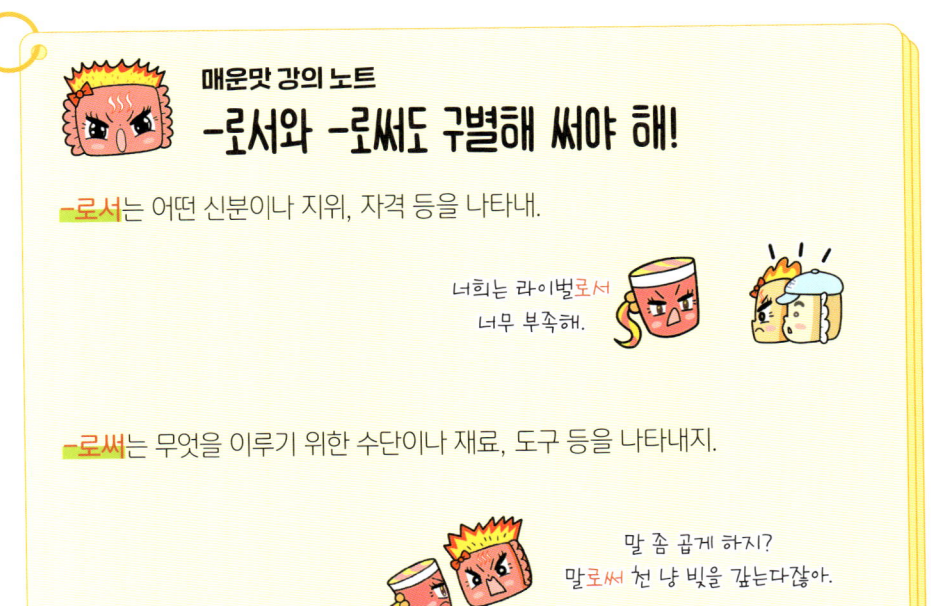

매운맛 강의 노트

-로서와 -로써도 구별해 써야 해!

-로서는 어떤 신분이나 지위, 자격 등을 나타내.

너희는 라이벌로서 너무 부족해.

-로써는 무엇을 이루기 위한 수단이나 재료, 도구 등을 나타내지.

말 좀 곱게 하지? 말로써 천 냥 빚을 갚는다잖아.

김치 할아버지의 한마디
언제 붙여 쓰고 언제 띄어 써야 할까?

어떨 때는 붙여 쓰고 어떨 때는 띄어 써서 헷갈리는 맞춤법이란다.
쉽게 설명해 줄 테니 기억해 두렴.

추측이나 물음을 나타낼 때는 -지와 같이 붙여 써야 해.

 순한맛에게 미안해서
어쩌면 좋을지 모르겠어요.

어떤 일이 있었던 때로부터 지금까지의 동안, 즉 시간의 흐름을 나타낼 때는 ⋁지
로 띄어 써야 하지.

 그러니까 '만난 지 오래됐어요'가 맞네!

그리고와 그러고

순한맛 필기 노트

그리고: ① 그 밖에 더.
② 그다음에.
낱말, 문장 등을 연결할 때 씀.

그러고: '그리하고'가 줄어든 말.
그리고 나서는 그러고 나서의 틀린 표현.

부끄러워. 그리고 창피해.

그러고 있지 말고 다시 시작하자!

그럼으로와 그러므로

매운맛 강의 노트
그럼으로와 그러므로도 구별해 써야 해!

**그럼으로**는 그렇게 하는 것으로써, 그것으로써라는 뜻을 나타내. 앞의 내용이 뒤의 내용의 수단이 될 때 쓰지.

우리는 열심히 공부하니까
그럼으로 맞춤법 천재가 될 거야!

그러므로는 그러니까, 그렇기 때문에라는 뜻을 나타내. 앞의 내용이 뒤의 내용의 이유나 원인, 근거가 될 때 쓰지.

꼭 이기고 싶어.
그러므로 공부해야 해!

한 젓가락 더!

1 다음 문장에서 맞춤법이 틀린 곳을 찾아 밑줄을 긋고 바르게 고쳐 보세요.

> 그동안 어떡해 지냈어?

( )

2 '같이'는 어떨 때는 붙여 쓰고 어떨 때는 띄어 써야 해요. 다음 중 띄어쓰기가 바른 것에 ○표 해 보세요.

> 천사같이 / 천사 같이

3 괄호 안에 들어갈 알맞은 말을 보기 에서 골라 써 보세요.

> 보기   로서   로써

⑴ 말( ) 천 냥 빚을 갚는다잖아.
⑵ 마을의 큰어른으( ) 맹세하마!

4 괄호 안에 들어갈 말을 보기 에서 골라 바르게 써 보세요.

> 보기   웬일   왠지   얘들   애들   오랜만에   오랫동안

⑴ 30분만 더 공부하자고? 순한맛 네가 ( )이야?
⑵ 오늘은 ( ) 공부가 하고 싶은 날이네!
⑶ 우리 얼마 만에 만나는 거지? ( ) 보니 정말 반가워!
⑷ ( ) 책상에 앉아 있었더니 허리가 아파!
⑸ 놀이터에서 놀고 있는 저 ( ) 정말 신나 보여!

5 순한맛이 징검다리를 건너 매운맛을 만나러 가야 해요. 퀴즈를 풀어서 길을 찾아가 보세요.

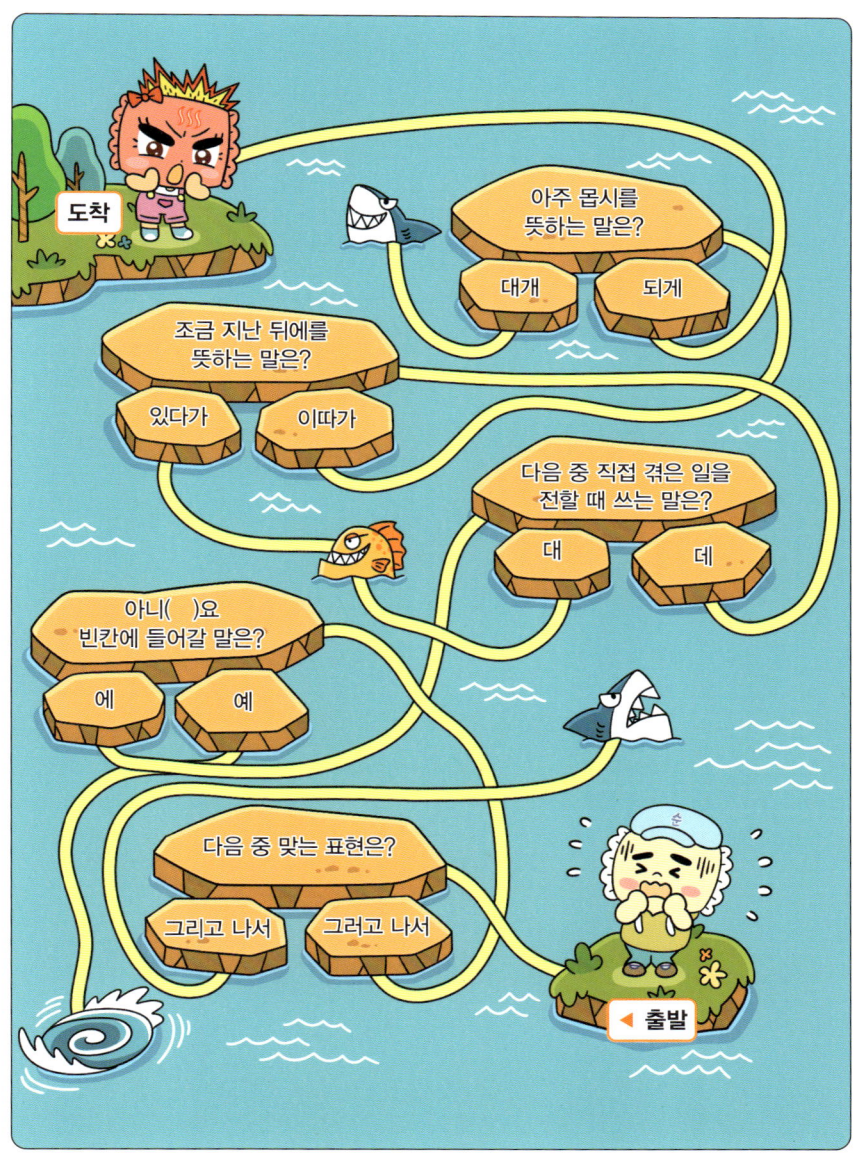

소파일까, 쇼파일까?
리모콘일까, 리모컨일까?
맞는 말에 **체크 체크**!

(소파 / 쇼파)에 둔 (리모콘 / 리모컨)이
맨날 사라져!

꼬불꼬불 꼬부랑말
외래어 맞춤법

매운맛 강의 노트
리더쉽 말고 리더십!

리더십은 생활에 자주 쓰이는 외래어로, 무리를 이끌어 가는 지도자로서의 능력을 뜻해. 외래어는 다른 나라에서 들어와 우리말처럼 쓰이는 말인데, 외래어를 한글로 나타내는 외래어 표기법에 따라 적어야 해. 외래어 표기법에 따르면 리더십이 맞아.

잘 들어 주고 잘 알려 주는
부드러운 리더십이 필요하다고!

 단 나, 어떤데?

배지

매운맛 강의 노트
뺏지도 뱃지도 아닌 배지!

배지는 신분이나 직업을 나타내려고 옷이나 모자에 다는 물건이야. 무엇을 기념하기 위해서 달기도 하고. 흔히 뺏지 또는 뱃지라고 말하지만, 외래어 표기법에 따르면 배지라고 써야 해.

배지 달면 모두 나를 부러워하겠지?

순한맛 필기 노트

메세지 (X)   메시지 (O)

메시지: ① 어떤 사실을 알리거나 어떤 처지나 뜻을 밝히려고 보내는 글.
　　　　② 작품이 담고 있는 교훈이나 의도.
　　　　③ 말, 글자, 기호 등으로 전달되는 정보 내용.

택배 메시지는
언제나 반가운 법이지.   너도 그래?

~~쇼파~~도 제대로 불러 줘야지
소파

매운맛 강의 노트
쇼파일까? 소파일까?

등받이가 있는 길고 푹신한 의자 알지?
바른 맞춤법은 쇼파일까, 소파일까? 흔히 쇼파라고도 말하지만, 정답은 소파야!
자주 쓰는 말이니까 꼭 기억하면 좋겠지?

소파야, 그동안 이름을 잘못 불러서 미안해!

사라진 ~~리모콘~~을 찾아서
리모컨

얘들아, 아까 **리모콘** 못 봤니? 아무리 찾아도 **리모콘**이 안 보이네.

틀렸다고 말할까? 말까? 말할까? 말까?

매운맛 강의 노트
올바른 표기법은 리모컨이야!

떨어져 있는 텔레비전, 선풍기 같은 기계를 움직이는 장치를 리모컨이라고 해. '리모트 컨트롤(remote control)'의 줄임말이지.
리모콘으로 자주 틀리는데, 리모컨이라고 써야 맞아.

리모컨에 발이라도 달렸나?
왜 맨날 사라질까?

~~빵꾸~~ 난 양말보다 창피해
펑크

매운맛 강의 노트
빵꾸의 빵 자도 꺼내지 마! 펑크가 맞으니까.

흔히 펑크를 빵꾸라고 말하는데, 이것은 틀린 표현이야. 펑크는 우리 생활에서 자주 쓰여. 고무 튜브에 구멍이 나서 터지거나, 어떤 일이 도중에 잘못됐을 때도 쓰지. 물론 옷, 양말 따위에 구멍이 날 때도 쓰고 말이야. 조금 어색하게 들릴지 몰라도 펑크가 올바른 맞춤법이니 기억해 두라고.

참! 자전거 바퀴 펑크 났는데 수리 맡겨야겠다.

~~초콜랫~~ 초콜릿 먹고 기분 풀어

"진짜 맛있는 **초콜렛**인데. 그냥 **초콜렛**이 아니라고."

"소문난 집에서 줄 서서 사 온 **초콜렛**이라니까. 이 **초콜렛** 안 먹으면 후회할걸?"

"동작 그만. 계속 틀리고 있잖아. 제발 **초콜릿**이라고 해 줄래?"

 **순한맛 필기 노트**

초콜렛 (X) 　　초콜릿 (O)

초콜릿: 카카오나무 열매의 씨를 볶아 만든 가루에
우유, 설탕, 향료 등을 섞어 만든 음식.
초콜렛은 틀린 표현!

이 초콜릿 진짜
안 먹을 거야?  그럼
살짝 맛만 볼까?

처럼 오르락내리락
엘리베이터

 **순한맛 필기 노트**

엘레베이터 (X)   엘리베이터 (O)

엘리베이터: 사람이나 물건을 싣고 전기의 힘으로 오르내리는 기계.

엘레베이터는 틀린 표현!

그런데 얼마나 늦게까지 공부한 거야?

쉿! 엘리베이터 안에서는 조용히 해야지.

그렇다면 ~~소세지~~ 소시지나 쏘시지!

 **순한맛 필기 노트**

소세지 (X)   소시지 (O)

소시지: 다져서 양념한 고기를 돼지 창자 또는 얇은 막에 채워서 익힌 음식.

소세지는 틀린 표현!

소시지도 사 주고,
주스도 사 주면 안 돼?

양심 있게
하나만 골라라!

아직 봄인데 벌써 ~~에어콘~~을?
에어컨

매운맛 강의 노트
에어컨, 이제 헷갈리지 말라고!

에어컨은 실내 공기의 온도나 습도를 조절하는 장치야. 영어로는 '에어컨디셔너(air conditioner)'라고 해. 공기를 시원하게도 따뜻하게도 할 수 있지만, 우리나라에서는 주로 온도를 낮추는 장치로 여기지.
에어콘으로 잘못 쓰는 경우가 많은데, 이제는 헷갈리지 말자고!

에어컨 없는 여름은 상상하기도 싫어!

167

 **매운맛 강의 노트**
뷔페에 가고 싶으면, 맞춤법도 알아 두자고!

뷔페는 여러 가지 음식을 차려 놓고 손님 스스로 선택해 마음껏 먹게 하는 식당이야. 부페, 부패, 뷔폐 등 틀린 표현이 많으니 특히 주의해. 틀린 표현 중에서 부패는 썩는다는 뜻이니까 절대 헷갈리면 안 돼.

난 이제 확실히 알았어!
뷔페 갈 자격 있지?  그, 그래!

믿을 수 없어, ~~돈까스~~ 돈가스가 틀린 말이었다니!

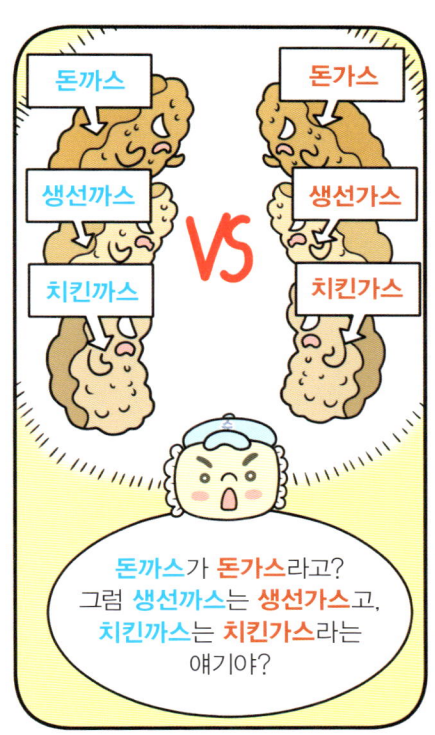

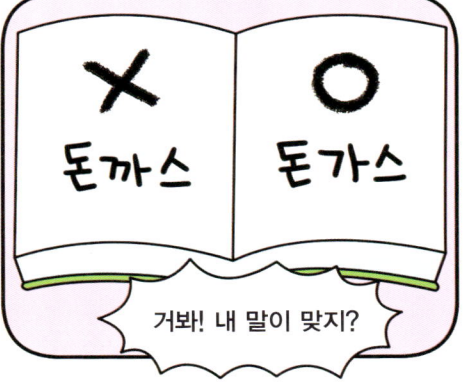

매운맛 강의 노트
누가 뭐래도 돈가스가 맞아!

돈가스는 얇고 넓적한 돼지고기에 빵가루를 입혀 기름에 튀긴 음식이야. 영어로 '포크 커틀릿(pork cutlet)'이라고 하는데, 일본에 전해질 때 '포크 카츠레츠'라는 이름으로 바뀌었어. 그리고 이것이 우리나라에 전해지며 돈가스가 됐지. 돈까스가 익숙한 게 사실이긴 하지만, 맞춤법에 맞는 건 돈가스라는 걸 꼭 기억해!

잠깐만, ~~스케쥴~~ 스케줄 좀 확인할게!

D-3	D-2	D-1
문제집 처음부터 끝까지 다시 보기!	오답 노트 다시 보기!	총정리! 자주 틀리는 맞춤법 보고 또

스케쥴이 빡빡하네? 밥 먹는 시간도 아껴야겠어!

오, 그런 자세 좋아. 그래도 밥은 먹어야지!

그런데 혹시 스케쥴이라고 했니?

응! 스케쥴!

너 틀리는 거 보니까 스케쥴을 더 빡빡하게 짜야 할 것 같다!

 순한맛 필기 노트

스케쥴 (X)   스케줄 (O)

스케줄: 시간에 따라 구체적으로 세운 계획이나 계획표.
스케쥴은 틀린 표현!

 우리 다음 스케줄이 뭔 줄 알지?

 당연하지! 급식 먹으러 가자!

 **순한맛 필기 노트**

화이팅 (X)   파이팅 (O)

파이팅: '힘내라!'라는 뜻으로 사용되는 구호. 어려움을 극복하기 위해 힘을 내야 하는 상황이나 운동 경기에서 응원할 때 주로 씀.

우리 내일 잘할 수 있겠지?   걱정하지 마! 우리, 내일 정말 파이팅 하자!

즐길 줄 아는 우리가,

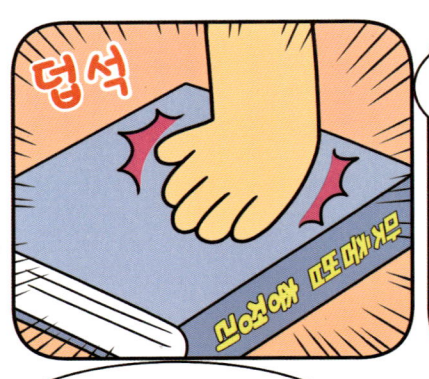

순한맛 필기 노트

참피언 (X) **챔피언 (O)**

챔피언: 운동 경기를 비롯한 각종 대회에서 우승한 사람이나 팀.

한 젓가락 더!

1 다음 중 바르게 쓴 낱말에 ○표 해 보세요.

내가 보낸 문자   메시지 / 메세지   확인했어?

2 밑줄 친 낱말을 바르게 고쳐 보세요.

자동차 바퀴에 <u>빵꾸</u>가 났어!

(   )

3 다음 대화 속 빈 괄호를 알맞게 채워 보세요.

 "너를 위해서 초콜렛을 준비했어! 얼른 먹어 봐!"
 "챙겨 줘서 고마운데, 초콜렛이 아니라 (   )이야."

(   )

4 괄호 안에 들어갈 말을 보기 에서 골라 바르게 써 보세요.

보기: 엘리베이터   엘레베이터   챔피언   참피언   뷔페   부페
      쇼파   소파   소시지   소세지

(1) 약속 시간에 늦었는데 (   )가 왜 이렇게 안 오지?
(2) (   )는 맛있는 음식을 실컷 먹을 수 있어서 좋아.
(3) 맞춤법 대회에서 우승해서 (   )이 될 수 있을까?
(4) (   )에 앉아서 텔레비전을 보면 너무 행복해!
(5) 큼직한 (   )가 들어간 핫도그를 먹고 싶어.

5 괄호 속 낱말에서 올바른 맞춤법을 고르고, 사다리를 타고 내려가 정답을 확인해 보세요.

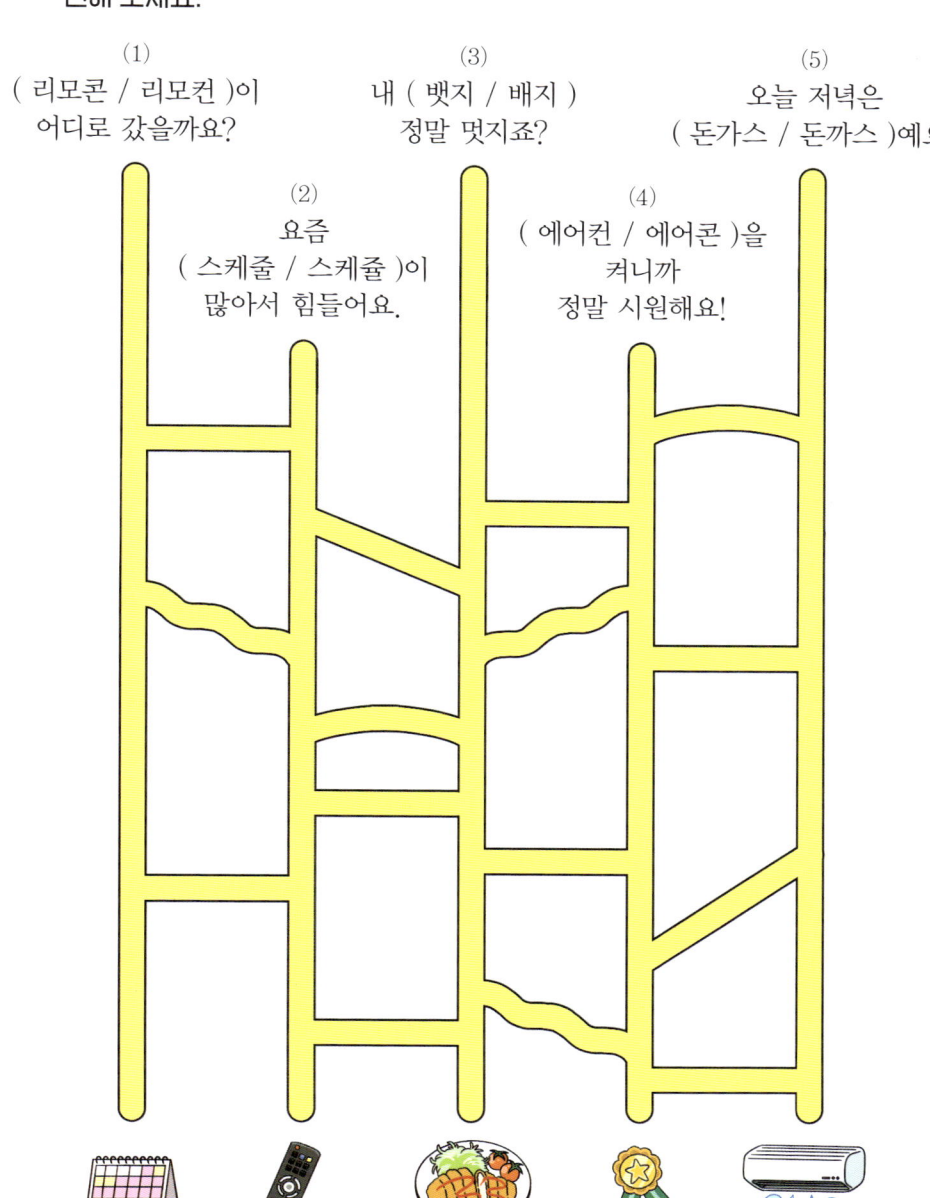

(1) (리모콘 / 리모컨)이 어디로 갔을까요?

(2) 요즘 (스케줄 / 스케쥴)이 많아서 힘들어요.

(3) 내 (뱃지 / 배지) 정말 멋지죠?

(4) (에어컨 / 에어콘)을 켜니까 정말 시원해요!

(5) 오늘 저녁은 (돈가스 / 돈까스)예요.

한 젓가락 더! 정답

1화 한 젓가락 더! (p. 42)

1 기막히는

2 이래라저래라

3 게

4 (1) 징징대다 (2) 맞히다 (3) 맞추다
   (4) 무난하다 (5) 모자라다

5

2화 한 젓가락 더! (p. 76)

1 깨끗이

2 며칠

3 ㉠ 쟁이 ㉡ 장이

4 (1) 천장 (2) 방귀 (3) 어차피
   (4) 거꾸로 (5) 눈곱

5

3화 한 젓가락 더! (p. 110)

1 (1) 반듯이 (2) 매고
2 넘어
3 (1) 엎다니! (2) 없다니!
4 (1) 다르다 (2) 한참 (3) 떼다
　(4) 한창 (5) 때다
5

벌	이	다	횡	북	괴
가	민	사	랑	바	강
새	부	치	다	술	시
서	맞	춤	법	같	다
가	혜	예	가	세	송
르	민	민	스	고	름
치	치	님	북	치	다
다	지	거	름	우	유

4화 한 젓가락 더! (p. 144)

1 어떻게
2 천사같이
3 (1) 로써 (2) 로서
4 (1) 웬일 (2) 왠지 (3) 오랜만에
　(4) 오랫동안 (5) 애들
5

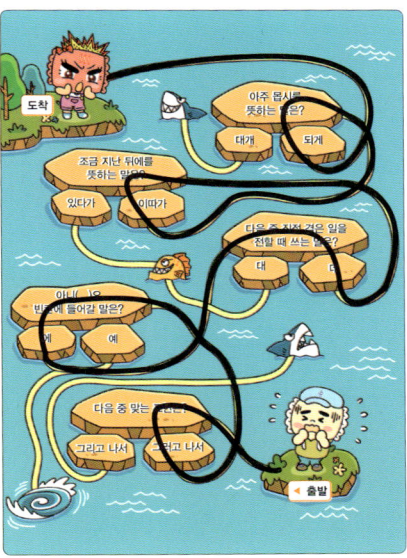

5화 한 젓가락 더! (p. 178)

1 메시지

2 펑크

3 초콜릿

4 (1) 엘리베이터 (2) 뷔페 (3) 챔피언 (4) 소파 (5) 소시지

5

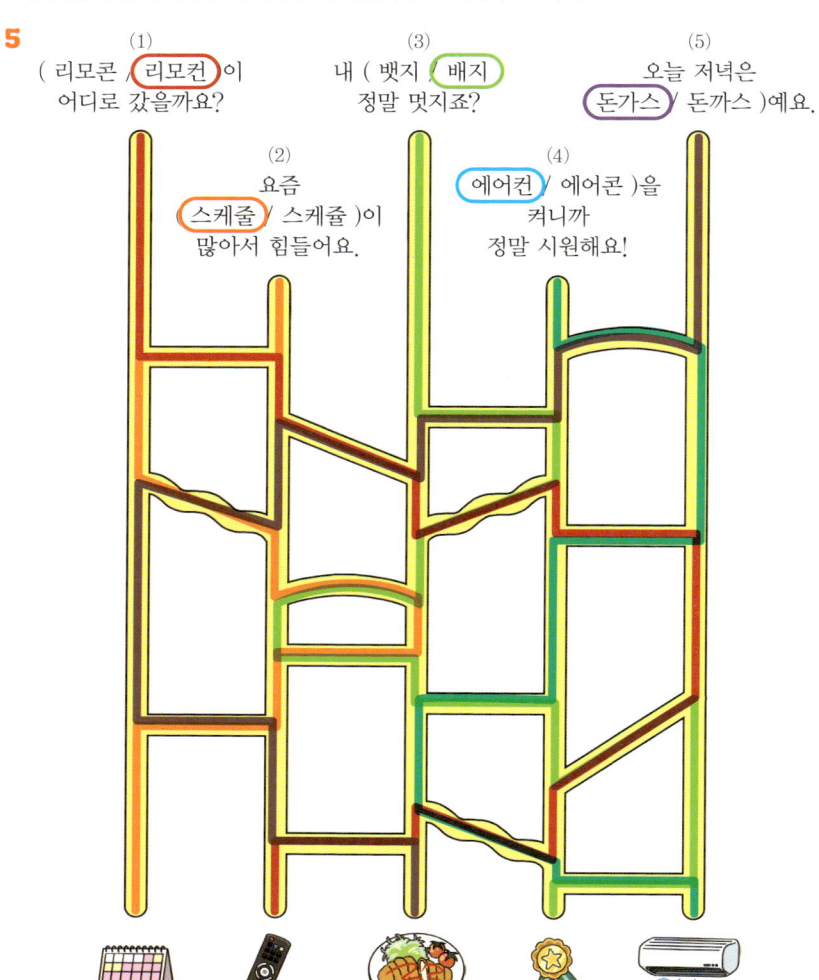

(1) (리모콘 / 리모컨)이 어디로 갔을까요?
(2) 요즘 (스케줄 / 스케쥴)이 많아서 힘들어요.
(3) 내 (뱃지 / 배지) 정말 멋지죠?
(4) (에어컨 / 에어콘)을 켜니까 정말 시원해요!
(5) 오늘 저녁은 (돈가스 / 돈까스)예요.

1화 (p. 10)

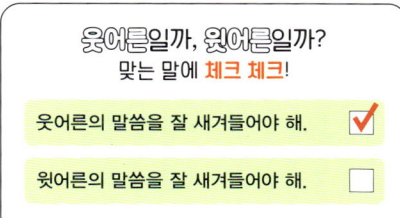

2화 (p. 44)

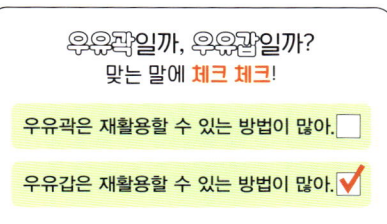

3화 (p. 78)

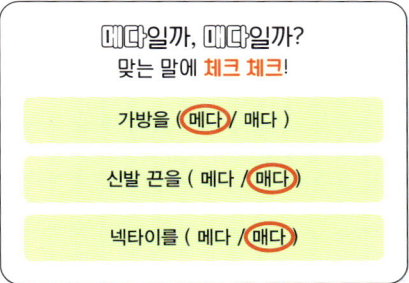

4화 (p. 112)

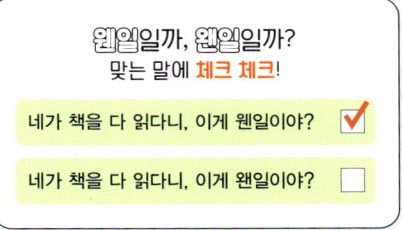

5화 (p. 146)

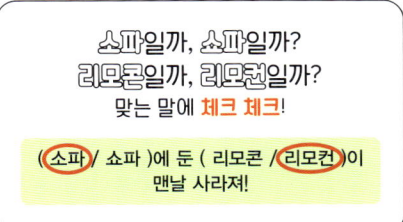